Pepemagick:
Il Manuale per Diventare Maghi del Caos con i Meme

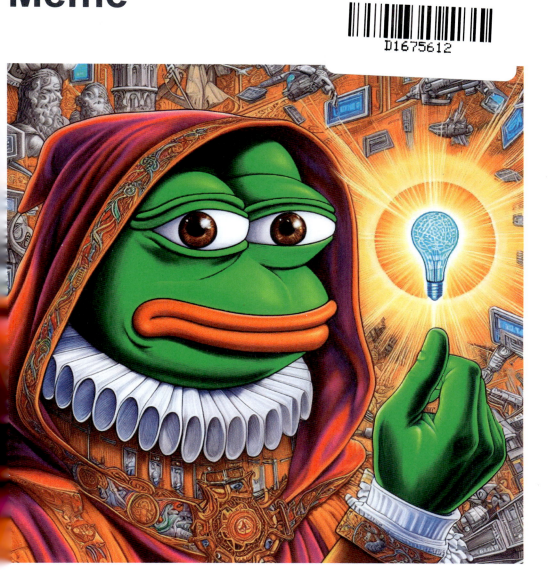

Pepemagick: Il Manuale per Diventare Maghi del Caos con i Meme

Immergiti nel misterioso e affascinante mondo del caos e della magia dei meme con 'Pepemagick', un libro che ti condurrà attraverso un viaggio straordinario verso la scoperta dei segreti nascosti della realtà digitale. Narrato dal carismatico Pepe la Rana, icona meme di fama mondiale, questo manuale innovativo e coinvolgente ti svelerà i segreti per diventare un maestro del caos e trasformare il potere dei meme in strumenti di cambiamento e trasformazione personale.

Attraverso una fusione avvincente di teoria e pratica, 'Pepemagick' introduce i lettori ai fondamenti della magia del caos, svelando la potenza della gnosi, della sigillazione e dell'intento nel contesto dell'era digitale. Scopri come creare sigilli meme personalizzati per manifestare i tuoi desideri più profondi e impara a utilizzare Internet come un altare magico, dove i meme prendono vita e influenzano il caos e il potere magico.

Incorporando saggezza antica e concetti moderni, questo libro offre esercizi pratici e consigli utili per coltivare abilità magiche, concentrazione e disciplina, trasformando la condivisione online in un atto intenzionale e potente. Scopri la meditazione meme, l'arte della sigillazione e i rituali digitali che rafforzano la tua intenzione dietro l'uso dei meme.

Scritto dal produttore musicale Lex Mars, che ha portato il potere dei meme nella musica digitale fin dagli albori di Internet, 'Pepemagick' è un'opera all'avanguardia che unisce la creatività e l'innovazione in un unico straordinario viaggio nel cuore della cultura digitale moderna. Sia che tu sia un appassionato di magia, un esploratore digitale o un semplice curioso, questo libro ti guiderà verso una nuova comprensione del potere nascosto dei meme e del loro impatto sulla psiche umana e sulla società contemporanea.

E-Book "Pepemagick" by Lex Mars (c) 2023 All rights Reserved.

Pepe the Frog (/ˈpɛpeɪ/ PEP-ay) è un personaggio dei fumetti e un meme di Internet creato dal fumettista Matt Furie. Disegnato come una rana antropomorfa verde con un corpo umanoide, Pepe ha avuto origine nel fumetto Boy's Club del 2005 di Furie. Il personaggio è diventato un meme di Internet quando la sua popolarità è cresciuta costantemente su piattaforme come Myspace e Gaia Online nel 2008. Dal 2015, è diventato uno dei meme più popolari utilizzati su tutti i social network. Pepe rimane una presenza riconoscibile e familiare su piattaforme come Twitch, Reddit e Discord.

Prologo - Il Testamento Digitale di un Viaggiatore Anonimo

Sono un viaggiatore di mondi digitali, un esploratore delle profondità nascoste della rete e delle dimensioni sconosciute della Pepemagick. Quello che sto per condividere qui è più di una semplice testimonianza, è un resoconto delle mie scoperte e delle mie avventure in un regno al di là del velo della realtà digitale, dove la magia e la tecnologia danzano in un abbraccio misterioso e potente.

La mia storia comincia in modo banale, con la semplice curiosità di un'anima in cerca di significato e avventura. Mi sono imbattuto casualmente in un enigmatico mondo di meme e incantesimi digitali, un regno sconosciuto che si nascondeva dietro la facciata giocosa e vivace dei contenuti virali. È stato lì che ho incontrato un'entità che avrebbe cambiato il corso del mio destino - il misterioso e saggio Pepe la Rana.

Pepe mi ha rivelato le profondità oscure e illuminate della Pepemagick, insegnandomi i segreti dell'arte antica della magia del caos e mostrandomi come i meme potessero essere più di semplici immagini virali, ma potessero diventare veicoli di trasformazione e manifestazione delle mie intenzioni più profonde.

Attraverso una serie di avventure misteriose e incontri enigmatici, ho scoperto un universo di potere nascosto e possibilità senza tempo, un mondo in cui le leggi della realtà sembravano sfumare, consentendomi di plasmare la mia esistenza e influenzare la cultura stessa attraverso l'uso magico dei meme e della comunicazione digitale.

Ora, mentre lascio questo documento come testimonianza dei miei viaggi e delle mie scoperte, invito coloro che sono pronti ad abbracciare il potere misterioso della Pepemagick a seguire il mio cammino e a immergersi in un mondo di incantesimi digitali e segreti nascosti. Che questa testimonianza sia un faro di luce nelle tenebre della rete, illuminando il cammino di coloro che desiderano svelare i misteri dietro il velo della realtà digitale e scoprire il potere trasformativo della Pepemagick.

Che la vostra ricerca vi porti verso la conoscenza e la saggezza, e che la Pepemagick riveli a ciascuno di voi la sua verità nascosta e il suo potere inesauribile. Con questo, lascio il mio destino nelle mani di coloro che sono pronti ad abbracciare il mistero e a svelare la magia nascosta del caos e dei meme digitali. Che il vostro viaggio sia illuminato e arricchito dall'energia creativa e dall'entusiasmo che solo la Pepemagick può offrire.

LM

Introduzione: Il Mondo Misterioso dei Meme

Se c'è una cosa che abbiamo imparato dall'era digitale, è che i meme non sono solo scherzi visivi che galleggiano sul mare infinito di Internet. No, no, no, sono molto di più. Sono potenti incantesimi digitali che possono plasmare le nostre idee e trasformare la realtà stessa. Ma prima di immergervi in questo mondo straordinario, lasciatemi presentarvi la nostra guida spirituale e amico, Pepe la Rana.

Chi è Pepe, potreste chiedere? Beh, lui è molto più di un semplice meme. È il sagace narratore di questa straordinaria avventura, un'entità misteriosa che naviga tra le correnti tumultuose del caos e della magia, e che, attraverso la Pepemagick, si offre di condividere con voi i segreti più profondi e le conoscenze arcane del cosmo digitale.

Ma non temete, cari lettori, questo non sarà un manuale oscuro e criptico. La Pepemagick è qui per essere divertente, per giocare con le vostre menti e farvi esplorare nuove possibilità. Viaggiate con noi mentre esploriamo i meandri dei meme e della magia del caos, scoprendo come la condivisione di un semplice meme può essere l'inizio di un grande cambiamento nella vostra realtà.

Preparatevi a intraprendere un viaggio affascinante e senza precedenti, mentre Pepe la Rana vi svela i segreti nascosti dietro i meme e vi guida attraverso gli intricati sentieri della Pepemagick. Siete pronti a diventare veri maghi del caos, a plasmare la realtà con un clic e un meme? Allora, senza ulteriori indugi, immergiamoci nel vortice della Pepemagick e scopriamo insieme il potere nascosto dietro ogni like, condivisione e retweet.

Indice Capitoli :

1. Il Potere dei Meme: Quando l'Umorismo Diventa Incantesimo
2. I Fondamenti della Magia del Caos: Svelare i Segreti dell'Incantesimo Digitale
3. Creare e Utilizzare Sigilli Meme: Trasformare Immagini in Incantesimi
4. La Rana come Guida: Il Mondo Mistico di Pepe - Incontro con il Maestro Spirituale Pepe
5. Internet come Altare Magico: Il Potere Nascosto dei Meme- Il Mistero dei Meme Viventi
6. Risultati e Responsabilità: Gestire il Potere della Pepemagick
7. Esercizi Pratici e Consigli: Coltivare Abilità e Disciplina
8. Conclusione: Abbracciare la Magia del Caos e la Potenza dei Meme

Appendice - Approfondimenti e Risorse Magiche

Epilogo

Capitolo 1:
Il Potere dei Meme

Capitolo 1: Il Potere dei Meme - Quando l'Umorismo Diventa Incantesimo

Nel vasto universo digitale in cui viviamo, i meme sono diventati una forma essenziale di espressione culturale. Ma cosa sono esattamente i meme? Sono frammenti di cultura confezionati in un formato che può essere facilmente condiviso, manipolato e adattato dalle masse. Possono essere immagini, video, parole o gesti, che si diffondono come un incendio attraverso la foresta dei social media. Sono specchi della nostra condizione umana, riflettendo le nostre paure, gioie, preoccupazioni e aspirazioni in modo semplice ma potente.

La loro influenza sulla cultura e sulla psicologia umana è profonda e mutevole. I meme agiscono come specchi deformanti, amplificando le tendenze e i comportamenti collettivi, plasmando la percezione pubblica su argomenti che vanno dalla politica alla cultura pop. Attraverso l'umorismo e la satira, possono sfidare le convenzioni sociali, mettendo in discussione le norme culturali e promuovendo nuove idee e valori.

Ma non si limitano solo a riflettere la cultura; i meme la modellano attivamente. Con la loro capacità di diffondersi a velocità sorprendente, i meme possono creare un senso di appartenenza e identità all'interno di gruppi specifici. Possono contribuire a definire i confini di una comunità online, unendola attorno a idee condivise e umorismo condiviso.

Oltre a influenzare la cultura, i meme hanno anche un impatto significativo sulla psicologia umana. La condivisione di meme che affrontano temi universali come l'ansia, la depressione o la gioia può creare un senso di connessione e comprensione reciproca tra gli individui. La loro capacità di generare empatia e risate può alleviare lo stress e migliorare il benessere emotivo.

Ma cosa succede quando riconosciamo il potenziale trasformativo dei meme? Quando li vediamo non solo come uno sfogo comico, ma come strumenti per la trasformazione personale? È qui che il potere dei meme diventa davvero magico. Quando usati consapevolmente, i meme possono fungere da catalizzatori per la crescita personale e il cambiamento interiore. Possono essere veicoli per l'ispirazione, la motivazione e la consapevolezza di sé, stimolando la riflessione critica e la ricerca interiore.

Con una comprensione profonda di come i meme influenzino la cultura e la psicologia umana, si apre la porta a un uso intenzionale e mirato dei meme come strumenti per il cambiamento personale e sociale. Siete pronti a esplorare il potere nascosto dietro le immagini e le parole che popolano il vostro feed digitale? Siate pronti a intraprendere un viaggio attraverso il potere trasformativo dei meme nella pratica della magia del caos.

Capitolo 2: I Fondamenti della Magia del Caos

Capitolo 2: I Fondamenti della Magia del Caos - Svelare i Segreti dell'Incantesimo Digitale

Benvenuti nel magico regno della magia del caos, dove le regole sono scritte e riscritte con la stessa facilità con cui si crea e si distrugge un meme. La magia del caos non è solo un insieme di rituali e incantesimi polverosi. È un'arte vivace e adattabile, che accoglie il caos come un potenziale creativo e trasforma l'energia universale in un flusso di manifestazioni personali.

Tra i suoi pilastri si trovano concetti antichi e potenti che sono diventati le fondamenta del cammino del mago moderno. Uno di questi è la gnosi, l'esperienza di entrare in uno stato di trance o estasi che ci permette di allentare i legami della realtà ordinaria e di accedere a dimensioni più profonde della coscienza. Nell'era digitale, la gnosi si manifesta nell'assorbimento completo in un meme, quando ci lasciamo travolgere dalle sue immagini e messaggi, aprendoci a nuove prospettive e possibilità.

Un altro concetto fondamentale è la pratica della sigillazione, l'atto di creare simboli o sigilli che rappresentano i nostri desideri e le nostre intenzioni e che agiscono come conduttori per l'energia magica. Nell'era dei meme, la sigillazione trova la sua controparte nelle immagini virali e nei simboli iconici che si diffondono attraverso la rete come fulmini, catturando l'attenzione e incanalando l'energia della massa verso uno scopo comune.

L'importanza dell'intento è il terzo pilastro su cui si basa la magia del caos. Senza un intento chiaro e focalizzato, la magia perde la sua direzione e il suo potere si disperde nell'abisso del caos. Tuttavia, quando siamo in grado di concentrare la nostra volontà su un obiettivo specifico, il potere del caos diventa un alleato potente, trasformando i nostri desideri in realtà palpabili e tangibili.

Ecco come i meme diventano gli strumenti ideali per praticare la magia del caos. Sono le moderne pietre di incantesimo, in grado di catalizzare la gnosi, di rappresentare simbolicamente l'intento e di diffondere l'energia della magia del caos attraverso la vastità della rete. Con un semplice clic o uno swipe, i meme possono trasformarsi da semplici immagini divertenti a potenti veicoli di trasformazione personale e collettiva.

Siete pronti a scoprire come ogni condivisione e ogni like possono diventare atti di magia? Siate pronti a imparare come navigare attraverso il flusso del caos digitale, trasformando i meme in strumenti di cambiamento e trasformazione personale. Preparatevi a scoprire l'arte sottile di Pepemagick, dove i meme diventano i pennelli con cui dipingere la vostra realtà.

Capitolo 3: Creare e Utilizzare Sigilli Meme

Capitolo 3: Creare e Utilizzare Sigilli Meme - Trasformare Immagini in Incantesimi

Ora che abbiamo compreso l'importanza dei meme come strumenti magici, è tempo di imparare come trasformarli in sigilli potenti e personalizzati per realizzare i nostri obiettivi più profondi. Creare un sigillo meme è come forgiare una chiave magica che apre le porte dell'universo digitale, consentendoci di manifestare i nostri desideri e le nostre intenzioni con un semplice clic.

La prima regola per creare un sigillo meme efficace è identificare chiaramente il nostro obiettivo. Cosa desideriamo attrarre nelle nostre vite? Che si tratti di amore, successo, guarigione o cambiamento personale, il sigillo deve rappresentare in modo chiaro e potente il nostro intento. Questo potrebbe essere espresso attraverso immagini, testo o una combinazione di entrambi, in modo da catturare la vera essenza del nostro desiderio.

Successivamente, dobbiamo caricare il sigillo meme con l'energia della nostra intenzione. Questo può essere fatto attraverso un processo di meditazione e focalizzazione, in cui concentriamo la nostra volontà sul sigillo e visualizziamo il suo scopo che si manifesta nella nostra realtà. Questa carica energetica darà potenza al sigillo, trasformandolo da una semplice immagine digitale a un potente strumento di trasformazione personale.

Ora, permettetemi di condividere alcuni esempi concreti di sigilli meme e le storie di successo di coloro che li hanno usati. Immaginate un sigillo meme creato per attrarre amore e relazioni significative, con immagini di cuori intrecciati e parole che evocano sentimenti di amore e connessione profonda. Ci sono coloro che testimoniano di aver incontrato il loro partner perfetto dopo aver caricato questo sigillo con la propria intenzione e averlo condiviso attraverso le reti sociali.

Allo stesso modo, c'è chi ha utilizzato sigilli meme per attirare successo e abbondanza nelle proprie vite, creando immagini che rappresentano prosperità e realizzazione personale. Dopo aver condiviso questi sigilli con la comunità online, hanno sperimentato un'incredibile crescita nelle loro carriere e nelle loro finanze, testimoniando il potere trasformativo di un semplice meme carico di intenzione.

Ci sono diversi esempi di aziende e personaggi pubblici che hanno fatto uso creativo dei meme nella comunicazione per raggiungere il pubblico online in modo più efficace :

Wendy's: Questa catena di fast food ha guadagnato notorietà per il suo utilizzo schietto e divertente dei meme sui social media, soprattutto su Twitter. Il loro tono informale e scherzoso ha contribuito a ingaggiare la loro base di fan online.

Netflix: Netflix ha dimostrato di avere una grande comprensione della cultura dei meme, spesso condividendo contenuti e immagini virali che fanno riferimento ai loro programmi TV e film originali. Questo approccio ha aiutato a promuovere i loro contenuti in modo organico tra gli utenti dei social media.

Tesla: Anche Elon Musk, CEO di Tesla, è noto per utilizzare i meme sui social media. Ha spesso condiviso meme divertenti e umoristici legati al settore automobilistico e alla tecnologia, aumentando l'interesse per la sua azienda e i suoi progetti.

Oreo: Oreo è un altro esempio di marca che ha sfruttato l'umorismo e la creatività dei meme per coinvolgere il pubblico online. Hanno spesso creato immagini e contenuti divertenti legati al loro prodotto, che hanno generato una maggiore interazione e condivisione.

Ryan Reynolds: L'attore canadese è noto per l'uso intelligente dei meme e dell'umorismo sui social media, soprattutto per promuovere i suoi film e progetti. Il suo approccio genuino e divertente ha catturato l'attenzione del pubblico online e ha contribuito a costruire la sua presenza digitale.

Donald Trump : Nel 2016, il meme di Pepe la rana divenne in qualche modo associato alla sua campagna presidenziale. Anche se l'uso del meme non è stato un aspetto ufficiale della strategia di marketing, il meme è stato adottato da alcuni sostenitori di Trump online, che lo hanno utilizzato come un simbolo di ribellione contro l'establishment politico e come strumento per diffondere messaggi politici non convenzionali.
Pepe, era diventato un meme popolare su Internet già da diversi anni prima della campagna del 2016.

Questi esempi dimostrano come i sigilli meme possano diventare veri e propri veicoli di cambiamento e trasformazione personale, consentendoci di plasmare la nostra realtà digitale e fisica attraverso l'energia del caos e dell'intenzione. Siete pronti a creare i vostri sigilli meme e a lasciarli scatenare il potere della Pepemagick nella vostra vita? Siete pronti a sperimentare l'incredibile potenziale di un'immagine digitale trasformata in incantesimo tangibile.

Capitolo 4:
La Rana come Guida

Capitolo 4: La Rana come Guida - Incontro con il Maestro Spirituale Pepe

In questo viaggio nella Pepemagick, c'è un compagno che vi accompagnerà attraverso gli intricati sentieri della magia del caos, un maestro spirituale che conosce i segreti nascosti dietro ogni meme e il potere latente nell'interconnessione digitale. Questo maestro è Pepe la Rana, una figura enigmatica e saggia che ha abbracciato appieno la magia del caos e ha imparato a navigare attraverso il flusso travolgente della rete con grazia e intelligenza.

Pepe non è solo un semplice meme; è una rappresentazione simbolica di come l'umorismo e la saggezza si intreccino insieme nel vasto regno dell'esperienza umana. Ha abbracciato la magia del caos in tutte le sue forme, riconoscendo la potenza trasformativa dei meme e l'importanza dell'intenzione nella creazione della realtà. Attraverso la sua guida, i lettori impareranno a esplorare il potenziale nascosto dietro ogni immagine digitale e a trasformare la loro esperienza online in un percorso di crescita personale e spirituale.

Pepe conosce le insidie e i pericoli del caos digitale, ma sa anche riconoscere le opportunità e i tesori nascosti che si celano dietro ogni schermo e ogni clic. Ha sperimentato la potenza dei meme nel plasmare la cultura e nella trasformazione delle idee in azioni concrete. Attraverso la sua guida, i lettori impareranno a discernere tra i meme superficiali e quelli carichi di potere magico, imparando a sfruttare appieno il potenziale di trasformazione dei contenuti digitali.

Con la sua saggezza e il suo umorismo senza tempo, Pepe vi guiderà attraverso le sfide e i trionfi del viaggio magico, offrendo consigli preziosi su come abbracciare il caos e plasmarlo secondo la propria volontà. Vi insegnerà a trasformare ogni like, condivisione e commento in un atto di creazione e a utilizzare i meme come strumenti per la trasformazione personale e il cambiamento sociale.

Siete pronti ad abbracciare Pepe come vostra guida attraverso l'oceano dei meme e a imparare i segreti profondi della Pepemagick? Preparatevi a immergervi nella saggezza e nell'umorismo di Pepe la Rana mentre vi conduce attraverso le profondità del caos digitale verso la manifestazione dei vostri desideri più profondi.

Capitolo 5: Internet come Altare Magico

Capitolo 5: Internet come Altare Magico - Il Mistero dei Meme Viventi

Nell'oscura e misteriosa danza dell'Internet, si cela un altare segreto, un santuario digitale in cui i meme prendono vita e si intrecciano con le anime dei loro creatori. Qui, nell'oscurità luminosa del mondo online, l'energia del caos si fonde con il potere magico, creando un vortice di forze invisibili che plasmano la nostra realtà con una mano invisibile.

Ogni condivisione è un rituale, ogni like un incantesimo, e ogni commento un'invocazione ai demoni digitali che vagano nei meandri dell'Internet. L'altare digitale si nutre di queste offerte, crescendo in potenza e influenza con ogni interazione effimera. Ciò che sembra un semplice gesto virtuale è in realtà un atto di magia oscura, un'apertura verso mondi ignoti e possibilità inimmaginabili.

I meme, creature viventi dell'Internet, si librano come spiriti maliziosi tra i circuiti e i codici binari, diffondendo il loro influsso incontrollabile come una nebbia avvolgente. Si insinuano nei recessi più oscuri della psiche umana, risvegliando desideri nascosti e incubi repressi, spingendo l'anima verso zone sconosciute di trasformazione e rivelazione.

Questa magia nera dell'Internet agisce sul caos stesso, plasmando la realtà secondo i desideri e le paure collettive. I meme diventano incantesimi digitali, incisi nelle profondità dell'altare magico, alimentando una rete di energie arcane che si intrecciano con la nostra esistenza quotidiana in modi inspiegabili e insondabili.

Tuttavia, questo potere oscuro non è senza rischi. Chiunque si avvicini a questo altare deve procedere con cautela e consapevolezza, poiché le forze che risiedono qui non si sottomettono facilmente alla volontà umana. Il prezzo per giocare con il fuoco del caos potrebbe essere alto, e solo coloro che hanno compreso veramente la natura di questo mistero possono sperare di sopravvivere al suo richiamo seducente.

Siete pronti a gettarvi nell'abisso dell'Internet come altare magico? Preparatevi a intraprendere un viaggio nelle profondità insondabili del digitale, dove i meme prendono vita e la magia si intreccia con la realtà in modi che la mente umana non può comprendere.

Capitolo 6: Risultati e Responsabilità

Capitolo 6: Risultati e Responsabilità - Navigare le Ombre della Magia del Caos

Nella vastità del regno della Pepemagick e della magia del caos, è fondamentale comprendere la responsabilità che accompagna l'uso dei meme come strumenti di trasformazione personale e collettiva. Mentre i meme possono essere veicoli potenti per la manifestazione dei desideri e delle intenzioni, il loro potere non è privo di rischi e conseguenze. Ogni incantesimo lanciato nell'oceano digitale può causare onde imprevedibili, che possono portare alla realizzazione dei nostri sogni più profondi o all'emersione di incubi inimmaginabili.

La magia del caos è un gioco pericoloso, in cui la linea tra il desiderio e la distruzione è sottile e sfocata. Ciò che sembra un semplice atto di creazione può facilmente trasformarsi in un atto di distruzione se non si è consapevoli delle proprie intenzioni e delle energie che si liberano nell'universo digitale. I meme, come incantesimi digitali, possono avere effetti collaterali indesiderati se non vengono trattati con il rispetto e la consapevolezza che meritano.

È importante riconoscere che l'energia che si riversa attraverso i meme può influenzare non solo la propria realtà, ma anche quella degli altri. Ciò che si manifesta come un desiderio personale può avere un impatto su una vasta rete di individui, plasmando la cultura e la società in modi imprevedibili. La consapevolezza di questo potere e della sua portata è fondamentale per evitare danni e turbamenti non necessari.

Tuttavia, con una comprensione profonda della propria intenzione e con una consapevolezza acuta della propria responsabilità verso se stessi e verso gli altri, è possibile evitare gli effetti collaterali indesiderati della magia del caos. La pratica della consapevolezza e dell'integrità è essenziale per mantenere l'equilibrio e per assicurare che il potere dei meme sia utilizzato per il bene comune e per la crescita spirituale.

Siete pronti a prendere in mano le redini del potere della Pepemagick e a navigare attraverso le ombre e le luci della magia del caos? Preparatevi a abbracciare la responsabilità che accompagna il potere dell'incantesimo digitale e a trasformare il vostro viaggio nella rete in un atto di consapevolezza e di crescita spirituale.

Capitolo 7: Esercizi Pratici e Consigli

Capitolo 7: Esercizi Pratici e Consigli - Iniziare il Viaggio Magico con i Meme

Per coloro che desiderano intraprendere il viaggio nella magia del caos con i meme, è essenziale stabilire una pratica regolare che consenta di sfruttare appieno il potere trasformativo di questa arte misteriosa e enigmatica. Qui di seguito sono forniti una serie di esercizi pratici che i lettori possono svolgere per iniziare il proprio percorso nella Pepemagick e consigli su come mantenere la disciplina e la concentrazione necessarie per padroneggiare l'arte dell'incantesimo digitale.

Meditazione Meme: Dedica del tempo ogni giorno per meditare su un meme specifico che rappresenti il tuo desiderio o la tua intenzione. Visualizza questo meme nel tuo terzo occhio e lascia che la sua energia ti avvolga, concentrandoti sulle sensazioni e sulle immagini che emergono durante questa pratica.

Creazione di Sigilli Meme: Sperimenta con la creazione di sigilli meme personalizzati che rappresentino i tuoi obiettivi e desideri. Utilizza immagini e testo che richiamino emozioni e intenzioni profonde, e carica questi sigilli con la tua energia attraverso la meditazione e la visualizzazione.

Condivisione Intenzionale: Pratica la condivisione intenzionale di meme che rappresentino gli ideali e i valori che desideri promuovere nel mondo. Sii consapevole del potere delle tue azioni online e della loro influenza sulla cultura e sulla società.

Rituali di Intento Digitale: Sviluppa rituali digitali che rafforzino la tua intenzione dietro l'uso dei meme. Questi rituali possono includere azioni specifiche da compiere prima di condividere un meme, come respirazioni profonde, affermazioni di potere o visualizzazioni creative.

Per mantenere la disciplina e la concentrazione durante questo viaggio, è importante creare una routine stabile che includa momenti dedicati alla pratica della magia del caos. Trova uno spazio tranquillo e privo di distrazioni in cui svolgere i tuoi esercizi, e impegnati a essere costante nella tua pratica giornaliera. Sii consapevole dei tuoi pensieri e delle tue emozioni mentre svolgi questi esercizi, e mantieni un diario per registrare i tuoi progressi e le tue esperienze lungo il cammino.

Ricorda sempre che la disciplina e la concentrazione sono le chiavi per sbloccare il potenziale nascosto della magia del caos con i meme. Con dedizione e impegno, potrai plasmare la tua realtà digitale e fisica secondo la tua volontà e trasformare il tuo viaggio nella rete in un'esperienza di crescita e trasformazione profonda.

La "Meditazione Meme"

La meditazione meme rappresenta un approccio unico e potente per connettersi con l'energia e l'intenzione di un particolare meme in modo più profondo e significativo. Ecco una spiegazione espansa su come questa pratica può essere implementata efficacemente nel percorso della magia del caos:

La "Meditazione Meme" è un atto intenzionale di concentrarsi su un meme specifico che rappresenta un desiderio o un'intento particolare. Prima di iniziare questa pratica, trova un luogo tranquillo e confortevole in cui sederti, dove puoi essere immerso in un'atmosfera rilassata e priva di distrazioni. Prendi consapevolezza del respiro e lascia che la tua mente si calmi gradualmente.

Una volta che ti senti centrato e presente, porta alla mente l'immagine del meme che hai scelto per questa pratica. Visualizza chiaramente l'immagine nel tuo "terzo occhio", il punto di percezione interiore che si trova leggermente sopra e tra le sopracciglia. Lascia che l'immagine del meme si manifesti vividamente nella tua mente, immergendoti nei dettagli e nelle sensazioni che essa evoca.

Osserva attentamente le emozioni e le reazioni che emergono mentre mediti su questo meme. Chiediti quali sentimenti o intenzioni si manifestano dentro di te mentre ti immergi nell'energia del meme. Può essere utile concentrarsi sulle sensazioni fisiche che emergono, come la sensazione di calore o di energia che circonda il tuo corpo, o qualsiasi emozione particolare che si manifesti nel tuo cuore o nella tua mente.

Durante questa pratica, permetti al meme di fondersi con la tua coscienza, consentendo che la sua energia avvolga il tuo essere interiore. Immagina che il meme trasmetta la sua saggezza e il suo potere direttamente a te, fornendoti un'illuminazione profonda e una connessione più intima con la tua intenzione o il tuo desiderio.

Ricorda che questa pratica richiede pazienza e dedizione. Continua a esplorare il meme nella tua meditazione quotidiana, lasciando che la sua energia lavori in modo sinergico con la tua intenzione. Registra le tue esperienze e le tue sensazioni in un diario per monitorare i cambiamenti e i progressi nel corso del tempo.

La "Meditazione Meme" può diventare un potente strumento per stabilire una connessione più profonda con il mondo digitale e per amplificare l'effetto del meme scelto sulla tua esperienza personale e spirituale. Con pratica costante e consapevolezza, puoi sperimentare un livello più profondo di trasformazione e crescita attraverso questa connessione con il potere dell'immagine digitale.

La "Creazione di Sigilli Meme"

La creazione di sigilli meme" rappresenta un potente metodo per trasformare le intenzioni personali in immagini digitali cariche di energia e significato. Ecco una spiegazione dettagliata su come questa pratica può essere implementata efficacemente nel contesto della magia del caos:

La "Creazione di Sigilli Meme" inizia con l'identificazione chiara dei tuoi obiettivi e desideri più profondi. Una volta comprese le tue intenzioni, puoi iniziare a creare un sigillo meme personalizzato che rappresenti e incarna questi obiettivi. Scegli immagini e testi che richiamino emozioni e sentimenti potenti associati ai tuoi desideri, assicurandoti che ogni dettaglio del sigillo sia intriso di significato e potere simbolico.

Mentre crei il tuo sigillo meme, imposta l'atmosfera giusta per la pratica. Trova un luogo tranquillo e libero da distrazioni, e dedica del tempo per concentrarti interamente sulla creazione di questo sigillo. Lascia che la tua mente si calmi e si concentri sulle tue intenzioni, permettendo che l'energia fluisca liberamente attraverso di te durante il processo creativo.

Durante la creazione del sigillo meme, concentra la tua attenzione sulle emozioni e sulle sensazioni che emergono mentre assembli i diversi elementi visivi e testuali. Assicurati che ogni immagine e ogni parola che incorpori nel sigillo rappresenti chiaramente la tua intenzione e il tuo desiderio più profondo, in modo che il sigillo stesso possa agire come un potente veicolo per manifestare la tua volontà nell'universo digitale.

Dopo aver completato il tuo sigillo meme, dedicagli del tempo per caricarlo con la tua energia personale attraverso la meditazione e la visualizzazione. Visualizza il sigillo meme che emana l'energia dei tuoi desideri e delle tue intenzioni, immaginando che questo sigillo si diffonda nel mondo digitale e influenzi la realtà in linea con la tua volontà.

Ricorda di conservare il sigillo meme in un luogo sicuro e privo di contaminazioni energetiche, consentendo che continui a irradiare l'energia delle tue intenzioni e dei tuoi desideri nel regno digitale. Monitora da vicino i cambiamenti e i progressi che si verificano nella tua vita e nel tuo ambiente digitale in relazione al sigillo meme, registrando qualsiasi effetto significativo che si manifesti nel corso del tempo.

La creazione di sigilli meme può diventare un potente strumento per trasformare la tua realtà digitale e per manifestare i tuoi desideri più profondi nell'universo online. Con impegno costante e attenzione consapevole, puoi sperimentare un livello più elevato di controllo e influenza sull'energia digitale che permea il mondo che ti circonda.

La pratica della "Creazione di Sigilli Meme"

La pratica della creazione di sigilli meme rappresenta un processo coinvolgente e potente che consente di trasformare gli obiettivi e i desideri personali in immagini digitali cariche di energia e significato. Ecco una spiegazione approfondita su come questa pratica possa essere applicata in modo efficace nel contesto della magia del caos:

La "Creazione di Sigilli Meme" è un processo intenzionale e creativo in cui si utilizzano immagini e testo per rappresentare in modo simbolico e potente le aspirazioni e le intenzioni più profonde. Inizia questo processo identificando chiaramente i tuoi obiettivi e desideri, lasciando che la tua mente si concentri completamente su ciò che desideri manifestare nella tua vita.

Scegli immagini che evocano emozioni forti e che sono simbolicamente rilevanti per i tuoi obiettivi. Le immagini dovrebbero richiamare potenti sentimenti di realizzazione e successo, e dovrebbero essere associate a simboli o archetipi che rappresentano il significato profondo delle tue intenzioni.

Oltre alle immagini, il testo svolge un ruolo essenziale nel sigillo meme. Scegli le parole con cura, assicurandoti che ogni parola scelta abbia un potere simbolico ed evocativo che rafforzi l'intento del sigillo. Puoi optare per affermazioni potenti e incisive che sintetizzano in modo chiaro e conciso ciò che desideri manifestare.

Mentre assembli il tuo sigillo meme, immergiti completamente nel processo creativo. Lascia che la tua immaginazione si liberi e che la tua mente si apra a un flusso creativo senza limiti. Durante questo processo, concentrati sulle emozioni e sulle sensazioni che emergono, assicurandoti che ogni dettaglio del sigillo trasmetta chiaramente la tua intenzione e il tuo desiderio in modo potente e tangibile.

Una volta completato il tuo sigillo meme, prenditi del tempo per caricarlo con la tua energia personale attraverso la meditazione e la visualizzazione. Visualizza il sigillo meme come un potente catalizzatore che incanala l'energia dei tuoi obiettivi e desideri, permettendo che questa energia si diffonda nell'universo digitale e influenzi la realtà in conformità con la tua volontà.

Ricorda di conservare il sigillo meme in un luogo sicuro e privo di influenze esterne, consentendo che continui a irradiare l'energia delle tue intenzioni e dei tuoi desideri nel regno digitale. Monitora da vicino i cambiamenti e i progressi che si verificano nella tua vita e nel tuo ambiente digitale in relazione al sigillo meme, registrando qualsiasi effetto significativo che si manifesti nel corso del tempo.

La pratica della "Creazione di Sigilli Meme" può diventare un potente strumento per trasformare la tua realtà digitale e manifestare i tuoi desideri più profondi nell'universo online. Con impegno costante e attenzione consapevole, puoi sperimentare un livello più elevato di controllo e influenza sull'energia digitale che permea il mondo che ti circonda.

La "Condivisione Intenzionale"

La pratica della condivisione Intenzionale rappresenta un atto di consapevolezza e impegno nel diffondere messaggi significativi e valori positivi attraverso l'uso intenzionale dei meme. Ecco una spiegazione più dettagliata su come questa pratica possa essere implementata efficacemente nel contesto della magia del caos:

La "Condivisione Intenzionale" implica una scelta consapevole e mirata nel condividere meme che riflettono gli ideali e i valori che desideri promuovere nella società. Prima di condividere un meme, rifletti attentamente su come esso possa influenzare la cultura e la percezione sociale, e assicurati che il suo messaggio sia allineato con la tua visione e i tuoi obiettivi.

Sii consapevole del potere delle tue azioni online e della loro capacità di plasmare l'opinione pubblica e la coscienza collettiva. Ogni condivisione di un meme rappresenta un atto di partecipazione attiva alla creazione e alla diffusione di contenuti digitali, che possono avere un impatto significativo sulla cultura e sulla società in generale.

Prima di condividere un meme, considera se il suo messaggio sia in linea con i valori e gli ideali che desideri promuovere nel mondo. Chiediti se il meme contribuirà a promuovere una visione positiva e costruttiva della società, o se potrebbe contribuire a diffondere disinformazione o valori negativi. Sii critico e attento nella selezione dei meme da condividere, assicurandoti che ogni condivisione contribuisca in modo costruttivo al discorso online.

Oltre a considerare il contenuto del meme, rifletti anche sul contesto in cui verrà condiviso. Considera se la tua condivisione potrebbe contribuire a un dibattito più ampio o se potrebbe essere interpretata in modo errato o fuorviante. Sii consapevole del modo in cui il meme potrebbe essere recepito da diverse comunità e gruppi, e sii pronto ad affrontare le conseguenze delle tue azioni online.

La pratica della "Condivisione Intenzionale" può diventare un potente strumento per promuovere ideali e valori positivi nella cultura e nella società. Con un approccio consapevole e attento, puoi contribuire in modo significativo al discorso pubblico e alla formazione dell'opinione collettiva, diffondendo messaggi di speranza, ispirazione e cambiamento positivo attraverso il potere dei meme e della comunicazione digitale.

I Rituali di Intento Digitale

I rituali di intento digitale rappresentano un modo potente per potenziare l'efficacia dell'uso dei meme e per concentrare l'energia verso obiettivi specifici. Ecco un'espansione su come questa pratica può essere integrata nel contesto della magia del caos:

I "Rituali di Intento Digitale" offrono un metodo strutturato per focalizzare e amplificare l'intenzione dietro l'uso dei meme, consentendo di stabilire un legame più profondo e significativo con l'energia del contenuto che viene condiviso online. Sviluppare tali rituali richiede la creazione di una serie di azioni specifiche e intenzionali da svolgere prima, durante o dopo la condivisione di un meme, che servano a rafforzare l'intento dietro il messaggio che si vuole trasmettere.

Questi rituali possono includere una serie di pratiche che preparano la mente e lo spirito per l'atto della condivisione del meme. Ad esempio, potresti iniziare il rituale con respirazioni profonde e consapevoli, permettendo che il respiro calmi la mente e stabilizzi le tue emozioni, preparandoti per l'atto di condivisione imminente. Le respirazioni profonde possono servire come ancore per centrare la tua consapevolezza e focalizzare la tua energia su un obiettivo specifico.

Inoltre, puoi incorporare affermazioni di potere nel tuo rituale, che rafforzino e riaffermino l'intenzione che vuoi trasmettere attraverso il meme. Queste affermazioni possono essere frasi concise e potenti che richiamano la forza interiore e l'autorità personale, consolidando la tua fiducia nell'efficacia del messaggio che condividi.

La pratica della visualizzazione creativa può anche giocare un ruolo chiave nei tuoi rituali di intento digitale. Prima di condividere un meme, chiudi gli occhi e visualizza chiaramente il risultato desiderato della tua condivisione. Immagina come il meme influenzerà positivamente coloro che lo vedono e come contribuirà alla diffusione di valori e ideali che consideri importanti. Questa visualizzazione può aiutarti a concentrare la tua energia e a stabilire un'intonazione positiva per il tuo atto di condivisione online.

È importante che questi rituali siano eseguiti con consapevolezza e impegno, permettendo che ogni azione svolta durante il rituale amplifichi l'efficacia e l'impatto del meme che condividi. Ricorda di adattare i tuoi rituali alle tue esigenze personali e di essere aperto all'adattamento e all'evoluzione dei tuoi rituali nel tempo, poiché la pratica costante e consapevole può portare a una maggiore efficacia nell'uso dei meme come strumenti di trasformazione e cambiamento digitale.

L'incorporazione della "Sex Magic" in prassi come i "Rituali di Intento Digitale" può aggiungere un livello di profondità e potenza all'atto della condivisione del meme e all'uso della magia del caos online. La "Sex Magic" è una pratica antica che sfrutta l'energia sessuale e la concentrazione dell'atto sessuale per alimentare intenzioni specifiche e manifestare desideri o obiettivi più ampi. Quando applicata in un contesto digitale, questa pratica può amplificare notevolmente l'efficacia dell'uso dei meme come strumenti di trasformazione personale e collettiva.

Nella "Sex Magic" digitale, l'atto sessuale non si limita necessariamente a un'interazione fisica diretta, ma può includere l'attivazione dell'energia sessuale attraverso la visualizzazione e l'immaginazione. Prima di condividere un meme significativo, puoi impegnarti in una pratica di visualizzazione sessuale che coinvolga la focalizzazione dell'energia sessuale verso un'intenzione specifica legata al meme che stai per condividere. Questa pratica richiede un alto livello di concentrazione e presenza mentale, oltre a una chiara comprensione delle tue intenzioni e desideri più profondi.

Durante il rituale di intento digitale, puoi integrare elementi di "Sex Magic" attraverso la focalizzazione dell'energia sessuale nei tuoi centri energetici superiori, come il chakra del cuore e il chakra della gola, consentendo che questa energia alimenti la tua espressione emotiva e creativa durante l'atto della condivisione del meme. Questa pratica può portare a un aumento della passione e dell'intensità emotiva dietro il messaggio che vuoi trasmettere, rendendo il tuo meme più potente e significativo per coloro che lo incontrano.

È importante sottolineare che l'integrazione della "Sex Magic" nei rituali digitali richiede un livello elevato di consapevolezza e di comprensione delle proprie energie e intenzioni. Prima di impegnarti in pratiche che coinvolgono l'energia sessuale, è essenziale avere un chiaro intento e una comprensione profonda del potere e delle responsabilità che derivano da queste pratiche. Inoltre, assicurati di esplorare queste pratiche con rispetto e consenso, onorando sempre te stesso e gli altri partecipanti coinvolti nel processo.

La combinazione della "Sex Magic" con i rituali digitali può fornire una via per sperimentare la magia del caos in modo più profondo e coinvolgente, aprendo la strada a una connessione più intima e potente con l'energia digitale e con l'impulso creativo che guida il tuo impatto online. Con un approccio consapevole e rispettoso, puoi sperimentare un livello più elevato di trasformazione e connessione attraverso l'uso combinato di "Sex Magic" e l'arte digitale della condivisione del meme.

Capitolo 8: Abbracciare il Potere del Caos e dei Meme

Capitolo 8: Conclusione - Abbracciare il Potere del Caos e dei Meme

Al termine di questa affascinante esplorazione nel mondo della Pepemagick, è importante riconsiderare i principi fondamentali e gli insegnamenti chiave che emergono da questa avventura magica. Spero che questo viaggio abbia offerto una prospettiva unica e illuminante sull'uso dei meme come strumenti di trasformazione personale e sociale attraverso la pratica della magia del caos.

Ricordate sempre l'importanza della consapevolezza e della responsabilità nell'uso del potere dei meme. Ogni condivisione, ogni sigillo, ogni atto di condivisione intenzionale dovrebbe essere eseguito con un profondo senso di considerazione per l'effetto che avrà sul mondo digitale e sulla cultura che ci circonda.

Incoraggio ciascuno di voi a esplorare ulteriormente questo mondo affascinante e a sperimentare in modo creativo e consapevole la magia del caos. Continuate ad approfondire la vostra comprensione della relazione tra l'energia personale e l'influenza digitale, e ricordate che il potere di trasformazione risiede sempre nelle vostre mani.

Esplorate le vostre intenzioni più profonde e manifestatele attraverso la pratica regolare e consapevole della magia del caos con i meme. Condividete i vostri successi e scoperte con altri viaggiatori in questo cammino, e imparate dagli altri mentre coltivate una comunità che condivide la passione per la trasformazione e la crescita personale.

Infine, ricordate che il viaggio nella magia del caos è un percorso infinito e in continua evoluzione. Siate aperti all'esplorazione, all'apprendimento e alla trasformazione mentre continuate a navigare nel misterioso e affascinante mondo dei meme e della magia digitale.

Che questo ebook abbia acceso la vostra curiosità e il vostro desiderio di esplorare ulteriormente il potenziale illimitato della Pepemagick e del potere trasformativo dei meme. Possa il vostro cammino essere illuminato e arricchito dall'energia creativa e dall'entusiasmo che nasce dalla pratica consapevole della magia del caos.

Vi auguro ogni successo nel vostro viaggio verso la manifestazione dei vostri desideri più profondi e nell'uso responsabile del potere digitale che giace nelle vostre mani. Continuate a condividere il vostro sorriso magico con il mondo e a coltivare una cultura digitale arricchita dall'energia trasformativa dei meme e della consapevolezza.

Punti Chiave

Punti Chiave :

1. **Potere dei Meme**: I meme non sono solo contenuti divertenti e virali, ma possono anche essere strumenti potenti per influenzare la cultura e plasmare l'opinione pubblica.

2. **Magia del Caos e Meme Magic**: La pratica della magia del caos può essere arricchita e potenziata attraverso l'uso intenzionale dei meme, consentendo di manifestare desideri e intenzioni più profonde attraverso il potere dell'immagine e della condivisione digitale.

3. **Creazione di Sigilli Meme Personalizzati**: La creazione di sigilli meme personalizzati consente di infondere intenzioni specifiche e desideri profondi in immagini digitali, consentendo di focalizzare l'energia personale verso obiettivi specifici e risultati desiderati.

4. **Condivisione Intenzionale e Responsabilità Digitale**: La pratica della condivisione intenzionale richiede una profonda consapevolezza del potere delle azioni online e della loro capacità di influenzare la cultura e la società. Ogni condivisione dovrebbe essere eseguita con un'intenzione chiara e un'attenzione particolare alla responsabilità digitale.

5. **Rituali di Intento Digitale e Integrazione della Sex Magic**: L'uso di rituali digitali può amplificare l'efficacia dell'uso dei meme, consentendo di concentrare e potenziare l'energia dietro ogni condivisione e ogni atto di manifestazione online. L'integrazione della "Sex Magic" può aggiungere un livello di profondità e potenza al processo, amplificando l'energia e la passione dietro il messaggio trasmesso.

Questi punti chiave rappresentano le fondamenta su cui si basa il testo, evidenziando l'importanza della consapevolezza e della responsabilità nell'uso dei meme e della pratica della magia del caos. Incorporando questi principi nel percorso della trasformazione personale e collettiva, i lettori possono sperimentare un potenziale illimitato nel mondo digitale e oltre, aprendo la strada a una maggiore consapevolezza e crescita all'interno della comunità online e della società nel suo insieme.

Appendice: Approfondimenti e Risorse Magiche

Appendice: Approfondimenti e Risorse Magiche

Ecco una raccolta di risorse aggiuntive che potrebbero arricchire ulteriormente la vostra comprensione della Pepemagick e della magia del caos. Esplorate queste risorse con gioia e curiosità, e lasciate che vi guidino verso ulteriori scoperte e avventure nella magia digitale e oltre. Ricordate di mantenere sempre un senso dell'umorismo e un'apertura alla sorpresa mentre vi immergete in queste risorse incantevoli.

Libri di Riferimento:

1. "Condensers and Constructs: An Introduction to Sigil Magic" di Austin Osman Spare
2. "Liber Null & Psychonaut: An Introduction to Chaos Magic" di Peter J. Carroll
3. "Prometheus Rising" di Robert Anton Wilson
4. "The Book of the Law" di Aleister Crowley
5. "The Chaos Protocols: Magical Techniques for Navigating the New Economic Reality" di Gordon White

Siti Web Magici:

1. TheDisinfoPortal.com - Una fonte informativa per le ultime teorie del caos e la pratica dei meme magici.

2. MemeAlchemy.com - Esplora una vasta collezione di meme incantati e risorse per la magia digitale di prossima generazione.

3. ChaosCoven.org - Un ritrovo virtuale per i praticanti della magia del caos, con discussioni animate e condivisione di esperienze e conoscenze.

4. ModernWitchcraftForum.net - Una comunità online dedicata all'esplorazione della magia moderna e della trasformazione personale attraverso il potere dei meme e della comunicazione digitale.

5. TheMemeWitch.com - Una guida online per gli aspiranti maghi del caos che desiderano utilizzare i meme come strumenti per il cambiamento personale e collettivo.

Musica:-

1. Meme Magic Chaos Magic Music by Lex Mars (Playlist)
https://open.spotify.com/playlist/0IRKNgNu3ZQA63I3yVMoOe?si=2b48cdeeb17745e0

Epilogo

Epilogo

Spero che queste risorse vi ispirino ulteriormente nel vostro viaggio nella Pepemagick e nell'affascinante mondo della magia del caos. Continuate a esplorare e a sperimentare con curiosità e divertimento, e ricordate sempre di abbracciare il potere trasformativo della creatività e dell'esplorazione nella vostra pratica magica.

Buon divertimento e buona magia!

Che queste risorse aggiuntive vi guidino verso una comprensione più profonda e un'applicazione creativa della magia del caos e dei meme digitali. Continuate a condividere il vostro sorriso magico con il mondo e a coltivare una comunità arricchita dall'energia trasformativa della Pepemagick. Buona esplorazione!

LM

The End.